좁은 문, 하얀 날개, 별

좁은 문, 하얀 날개, 별

이봄 지음

좋은땅

여는 글

좁은 문 앞에 선 적이 있습니다.
쉽게 지나칠 수 없는 문턱, 그곳에서 나는
나를 바라보았습니다.
하얀 날개를 가진 채 벌처럼 날아드는
삶의 시간들 속에서 나는 아프고 기쁘고
다시 사랑하게 되었습니다.
이 시집은 작고 낮은 존재들이 마주한 진실
앞에서 조용히 떨고 있는 날개들의
이야기입니다.
어느덧 인생의 가을을 맞이한 저는 크고
눈부신 열매는 없지만 지나온 봄과 여름의
선물에 감사드립니다.
그 덕에 작은 이의 미소 같은 시와 수다 같은
산문 몇 편으로 인사를 드립니다.
이 시를 통해 당신의 마음에도 조용한 날갯짓이
일어나길 바랍니다.

좁은 문을 지나 더 깊고 밝은 곳으로 함께
걸어가기를 소망하며 이 책을 당신께
건넵니다.

그리고 이 시집이 나오도록 기도와 사랑과
귀한 물질의 헌신으로 응원해 주신 모든 분들께
진심으로 감사드립니다.

                              2025. 6. 14. 토. pm 10:00
                                          이 봄

차례

1부 • 새롭게

찬양하라	… 12
사랑 공식	… 14
너	… 17
푸른 눈물	… 18
기다림 속에	… 20
새롭게	… 22
장미보다 아름다운	… 24
청춘은 하늘에 걸고	… 26
뜻 몰라라	… 28
뒤돌아보며	… 30

2부 • 진리의 영, 성령님 소원

불씨	… 32
바람	… 34
할머니의 술	… 36
성령의 사람 되려면	… 38

성령님의 소원은 … 40
되려만 말고 닮아 줘 … 42
가르쳐 주오 … 46
좁은 문, 하얀 날개, 벌 … 48
하나님이 일하실 때 … 50
흰눈처럼 … 52

3부 • 하나님은 사랑이시라

신생아의 울음 속 말은? … 56
사랑아 … 58
하늘 안의 땅 … 60
내 한 사랑 … 62
우리의 만남 … 64
해피의 엉뚱함 … 67
해피의 우정 … 68
역사는 밤이 필요해 … 70
실패의 교훈 … 72
무거운 인연 … 74

사랑하는 주님의 신부여	… 76
사랑과 진실	… 78

4부 • 부활의 노래

부활절을 앞두고	… 84
산새의 찬양	… 87
부활	… 88
저 바다가 품은 은혜	… 92

5부 • 예비하라

그날	… 96
신랑 맞을 때	… 98
죄와 심판	… 102
너 거기에 있는가?	… 104
나그네와 순례자	… 106
예비하라	… 109
지체는 한 몸	… 110
사랑도 인생도 경주라	… 112
하나가 되려면	… 114

6부 • 신은 아시더라

할머니	… 118
할머니 2	… 122
다방구와 설거지	… 124
꽁치 집사	… 128
신은 아시더라	… 132
어여뻐라 불자님	… 136
평창동 언니	… 140
미인은 역사를 쓰고	… 144
맏언니	… 146
예인이기에	… 148
홀로이 서서	… 150
쇠 심줄은 누가?	… 154

7부 • 봄처럼

찾아온 봄	… 158
봄이 울보 되려나	… 160
봄을 보낼 무렵	… 162
봄처럼	… 166
봄의 약속	… 168

1부

새롭게

찬양하라

세월이 쌓인
구옥들 헐리고
엉켜 지어진
각기
다른 세월과
삶을 안고
서 있는

서민
생활의
기틀인
빼곡한
빌라 단지
한 틈에서

자그마한

좁은 문, 하얀 날개, 벌

꽃나무는
바쁠세라
자기를
보아 주든
말든

때가
이르매
만개하여
홀로이
서서
어여쁘게
삶을 노래
하더라

사랑 공식

사랑 왜 힘들지
제일 좋은 것인 줄
알았었는데

하늘에다
마구 화풀이하다
소낙비를 맞아
된통 감기 몸살을
앓고 나서야
아 사랑에도
공식이 있었다네

무조건
네 건 내 거고
내 것은 네 것이
아니었으니

하마터면 평생
헛삶 하여라

사랑은
참으로 얌전한 처녀
당신 것은
당신 것이요,
내 것은 나의 것일 뿐

내게 여유로운 것은
당신께
다 드리리다

당신이 풍족해
내게 주고픈 만큼
나 기꺼이 받고

당신 것을
언제나 지켜 드리고

내 것 또한
지켜 주소서

너

넌 내게
해도 달도 별도
아니지만

저 푸른 바닷가의
무수한 모래알
같아라

푸른 눈물

아무에게도 눈물
보일 수 없어서
내 대신 울어
줄 수 있는

갈매기들을
찾아
이미 많은
이들을 위하여

큰 눈물 받아 준
아버지 품 같은
바다에 마음을
담가 보았네

구슬퍼서 몰아치는

파도여
노여워서 울어 대듯
엉켜 부는
물바람이여

나의 영혼에 감긴
상처와
아픔일랑 모두
씻어 가 주오

내일을 향해 가는
나의 고운 무지개
꿈일랑
깨어지지
아니하게 하시리

기다림 속에

한번 접은
너의
깊은 마음
몰라서
오늘일까
내일이겠지
계수하다
연속된
외면 앞에

무너진 바람
서럽게 울다
그
눈물이
말라질 무렵

어리석은
나지만
한번 흘러간
강물
다시 돌아올 수
없기에

무르익어질
나를
기다리며
추억 속에
새 꿈을 꾸네

새롭게

황혼이 달려드는
나이 테를 긋고 보니
소중했던 일들도
변덕이 났는지

오늘은
쇳덩이처럼
무섭게도 무거워라

에라 얼른
저 윗동네
십자가에 달아
매달곤

사뿐히 새 신
갈아 신고

내 사랑들 보챌까
두려워
변할세라

저 하늘 빛
성큼이 잡아 타고
꿈처럼
날아오르리

장미보다 아름다운

장미야
조물 조물
조물주께서
우리들
사랑 고백
위하여
만드셨죠!

그러나
아리따운
사람
마음의 꽃은
시들 줄도
모른 채

이름 모를

들꽃처럼
바람 따라
그 빛과
그늘
아래서

멋스러워라
피워 낸 채
서로를
바라보며 웃네

청춘은 하늘에 걸고

청춘은
담 쌓고
정열은
소금 치듯
내쫓고
일찍이 맛본
하늘의
단비
들이켜
가노라니
내 예쁜 젊은
날들의
한 때를
냉대로
내몰곤 인생의
락을

몰랐어라

휘이
해는 바뀌어
갔고
나의 머리 밑은
흰 꽃이
피어올랐네
그래도
아직 나 어여삐
웃을 수 있음은
저 하늘에
단비 타고
내 귓가에
변함없는
기도소리
들려오기에

뜻 몰라라

높은
산이 말을
하네
난
모르겠네

낮은
산이
말을 해도
난
모르겠네

저 멀리
구름 위에
편지
써서

하늘에다
눌어라도
보고
싶어라

뒤돌아보며

지나쳐 지나온
세월 앞에
무릎 꿇고 싶어라

광명의 날들을
무수히도
쥐어 주었건만

대답 한 번 않고
옹졸히
거쳐 왔다 고백하면

그대는
무엇이라
나에게
답변이나 해줄는지

2부

진리의 영, 성령님 소원

불씨

그 님은
올리어 갔어도
내 가슴안에
새겨진
그 진홍빛 같은
추억은

꽁꽁
얼어붙는
겨울 바람도
무색하여라

지나온
그 시간의
크나큰 온정이
작은 불씨

피어 올려
나를
되살리네

바람

비라도 바다를 적실 수 없어라
눈 또한 바다엔 쌓일 수 없어

오직 불어오는 바람만이 곱게 단장한
봄 아씨의 어여쁜 치마폭도
찢어 제치더라

바다를 쾅쾅 얼어 붙이며
검은 뿔이라도 달았는지
거세게 성난 바람은 마침내 회오리를
일으켜 닥치는 대로 모든 것을
삼키고서야 돌아서 가네

인생의 모든 바람들이여
내 엄히 꾸짖노니 잠잠하라

옹졸히 산 내 삶 깨어 던지고
조몍빛 바다 닮아 지친 나그네들
벗 삼아 동무하며

급히 달리노라 헤아리지 못한 내게 곁을
주었던 아리따웠던 흐른 시간의
벗들을 위해서도 나 모래처럼 부숴져라
생명의 바람 불러 타고 빌게시리

할머니의 술

오늘도 밥상에 얌전히 올려진
탁주 한 사발

곱고 정갈한 아름다움을 품으신
울 할머니 그 어여쁘신 입술에
한 모금씩 적시어라

귀한 사대 독자 "6.25"에게 흔적조차
찾을 수 없이 빼앗겨 버린
아들을 향한 애끓는 그리움이여

애간장을 매일 끓이며 달여
보아도
가슴속 한은 잠재우지 못하여라

보채 대는 성난 마음에 상처 위한

약을 찾으시다
탁주의 힘도 빌려 보시더라

그러던 어느 날 예배당을 다니시어라
가시고 가시고 가시더니
할머니의 고운 입가에

백합화가 핀 듯이 그윽하고 향기로운
은은한 웃음이 늘 머금어 지키어라

할머니의 배에선 생수의 강이
흘러나오고 계셨어라

그리고 어느새 성령 하나님께 새 술을 받아
마시었어라
영혼이 너무 기쁘고 즐거우셔서
소리도 없이 미소 꽃만 피우셨어라

성령의 사람 되려면

뿔난 그대의 마음의
성벽에
거센 성령의 불이
쏟아져 내릴 때

그때
그대는
부서지고
태워져야만 할 때이라

그날을
맞이한 자만이

그리스도
예수의
마음과

연합되어
감을
시작할 수 있기에

성령님의 소원은

비둘기처럼 내려오셔서 우리 영혼
다시 찾으시사 성령의 전 삼으신

임마누엘 하나님께서 하늘에다
나 몰라라 탄식하심이여

이 자녀 이 성도 부디 거룩한 성부의
사랑 쫓아 온전케 하옵시되
뜻이 하늘에서 이루어진 것같이

이 땅에서도 성실로 이루어짐을
위한 성자의 기도
깨우침을 하여

자기 십자가 곧게 지고 유일하신
참 하나님과 그 아들 독생자를

우리의 영생을 위하여 하늘의 옷
벗으시사 어린양 되어 주신

예수 그리스도이심을 앎에 부디
이르게 하옵소서

되려만 말고 닮아 줘

나 아직
깨달음이
없기에
오르고
오르려 해도
미끄러만
지더이다

그 산이
왜 그리
높은지
너무 잘
다듬어진
산임에도
나 오를 수
없어

아름다운 산의
바위
하나라도
되어 보고 싶어
안간힘 써도

낙심 천만뿐
아니 된지라

어느 날
메아리처럼
들려오는

불같은
바람의
소리 있어
그냥 이 산과
닮은 옷을

입거라
깨우치시네

가르쳐 주오

웬
저 멀리
하늘 위에
자꾸만
무엇이 있다고들
하는지

번개 치며
우뢰라도 울 때엔
나 모르는 새
두려움
느껴라도 졌어도

나 태어나기
전부터
어두워진

영혼이어라

높은 하늘의
빛 알
길이 없어라

가르쳐 주오
나
가르쳐 주오

내게 싫증은
내시지 말고

내 귀
어둡기 전에
꼬옥
가르쳐 주오

좁은 문, 하얀 날개, 벌

좁다란 문에 거칠고 험악하기만
해 보이는 십자가의 길
그 길 따라 들어서 보면
험준 산령에 야곱의 엘샤다이
펼쳐져 있고

하늘 천사들은 밤새
오르락내리락 인생들의
기도 받아 하나님께 아뢰어
수많은 하나님의 뜻을
갖고 내려와 영혼이 피어올린

기도 향에 알맞은 성령의 아홉 빛깔
채색에 곱게 물든
꽃들을 찾아
기쁨의 소식을 전하여

주느라 쉴 새도 없어라

꿈인 듯 취한 듯
기도에 젖어 있는 내게
호렙산 불 붙은 떨기나무에
임재해 계시던 성령 하나님께서는
나를 불러 세워 가르치시네

송이 꿀 산 계곡 아래를 보아라
자그마한 순종의 연못 위에는
일벌들이 새봄이 옴을 알리려
목만 축이곤 서둘러 떠나려고

어여쁜 하얀 날개로 단장하고
하늘 왕에게 바칠 한 움큼이
모자랄까 두려워 갑절로
꿀을 따고 저 서로
비상하고 있음을 알리라고

하나님이 일하실 때

하나님이 무엇을 하시려면
먼저 사람의 마음에
소원과 꿈을 심으시고

하나님의 기쁘신 뜻을 향하여
사람의 마음에 소원을 두고
함께 이루어 가시길
원하심이더라

우린 거룩하신 뜻을 헤아리긴
아직 멀어라

하늘의 뜻과 거스르는 세속의
바다에 파도들이
부딪쳐 올 때 그 파도
연하여 더 빨리 가려므나

의로운 오른손으로
밀어주시네

흰눈처럼

지나온 세월의 아픔들은 얼른 잊고서
새날을 맞이라도 하란 듯이
어두워진 하늘이 움켜쥔 구름을 펴
커다란 바람개비에 아름 아름이 밀어 넣어
하이얀 눈을 자꾸만 만들어
내려 보냄은

내가 지울 수 없어 얼룩진 내 가슴속에
아릇이 새겨진 붉고 차가운 길목의
그림자들까지도
오늘은 다 덮고 말듯이 눈은 내려 덮네

절대로 떼어 낼 수 없었던 기억의 아픔들
또한 다 덮어 버릴 기세로
온 집을 드리워 앉아 버린 이 겨울의
끝자락 눈이여…

누구의 소리를 듣고 나에게 너처럼
희고만 지라고 소리없는 빠른 몸 놀림으로
어느새 작지 않은 나를 삼키어 가는지…

두려움에 넋을 빼앗긴 나는 저절로
너에게 취하여 나의 가슴은 비우고
차가운 너로 뜨거웠던 욕망을 식혀 보누나

3부

하나님은 사랑이시라

신생아의 울음 속 말은?

응애~~ 응애~~~
두 손 불끈 쥔 채 엄마 뱃속에 꽁꽁
숨어서 사람의 형상 다 갖춰지려면

열 달이 차야 하노라 하나님 말씀으로
가르쳐 주시며

태의 문단속은 늘 빼 놓지 않고 챙기시네
아~공 아~~공
서투른 내 언어로 답변해 드렸어라

점점 비좁아 오는 나의
따뜻하고 행복한 엄마 안 놀이터는

내게 그만 자리를 비울 때가 되어 가니
하나님이 신호 주실 땐 저 문을 박차고

담대히 나가거라

그리곤 나가서 죄와 세상을 꼬옥
이겨 내거라 내가 너의 기도는
꼭 들어주마

이 아가 하나님의 약속받고 험악한
세상을 향해 용기 내어
나왔나이다

사랑아

사랑아 사랑한다
사랑아 사랑한다
내 사랑 내 연인 내 친구
내 신부여

험한 세상 길 함께 걷자
손에 손 맞잡고
우리 둘 지혜 모아

네 줄 비파 밀고 당기어
사랑 메말라진
이 한 세상에 운율 내어
동서 사방을
울리듯
한 번뿐인 우리의 사랑을
함께 울리어 보자

하늘도 한 번만
울어 주신다면 사랑에

목마른 사슴처럼 헤매는
모든 친구들에게
가뭄의 단비처럼
사랑은 타고 흐르리라

하늘 안의 땅

하늘 보좌 우편에
청청하게 살아 계신 그리스도
예수님의 피와 물을
몽땅 빼어 마신

이 땅은 지금도 펄펄히 살아서
새 생명을 내노라

이천 년 전 나사렛 예수가
십자가를 지시며
약속하신 그 옛 언약을 땅은
들었노라 보았노라
외침은?

일찍이 못 박혀 뚫린 그 손에서 지어져
벌거숭이로 나와 아리따이

울긋불긋이 곱게 고운 산을 입고
강을 둘러 소성의 힘을 받았으나

찾아든 죄악의 바람으로 기나긴
몸살에 시달리다 죽어들 무렵

봄처럼 찾아 주신 그 분 다시 잃기는
두려워 그 피와 물을 늘
되새김하네

내 한 사랑

우리 딸 기쁘구나
우리 딸 이쁘구나
나의 사랑을
모두
달라 하더니

어여삐 핀 꽃 한 송이
민망할까

나의 마음 쓸어내리며
가득 찬 달을
심장에 껴안은 채

오늘도 하늘에다
널 올려
보이고파서

마리아도 아닌 나
고요히 조아려진 머리
싫증도 몰라라

오래전부터 달구어진 마음
너 철새처럼 길 떠날
시간 놓칠세라 서러워진
마음 부둥킨 채로

삶 무릎 꿇은 나만의
애달픈 사랑의 노래여

우리의 만남

오랜 세월
역경을 헤치며
서로에게
주어진 삶을
우린
청지기로
살았네

내 마음 빼어
던져 가며
한 길만을
걸어야 했지
아득한 밤과
서늘한 시간이
교차하며
우리를

단련할 때에
인연은
하늘도 두려워
우리 손
잡았다 놓았지

열린 어느
한 날은
우리에게
옛 인연을 타고
찾아와 주었네
하늘의 승낙을
받아 기쁜 듯
우리는 동갑네에
빠이롯드처럼
하늘 훈련을
노래할 줄 아는
진정한 친구
되어 가네

연약함과 허물
모두 다
사랑으로
덮어 주면서
하늘 뜻을 향해
독수리처럼
날고 있는
나의 동무여
그 무엇
부러워하랴

해피의 엉뚱함

삼복더위 중에도 산책을 위해
해피와 골목길을 나섰네

상점들이 몰려 있는 상가길을 걷다
커브 길에서 넓은 길로 가려 하자
해피는 뺑그레 뒤돌아 나를 끌며
한 옷 가게로 들어서더니만

안쪽 카운터에 계신 사장님께
꾸벅 인사를 드리곤
잰걸음에 현관으로 내빼나 했더니
웬걸 안 나가고 에어컨 밑에 덜썩

자리를 잡고 엎드려 삼복더위를
식히느라 나만 민망하여라

해피의 우정

수진네 강쥐 예쁜 암 시츄 둥이는
평소 똑똑하고 처세도
도도함으로 지켜 내었지

한 날 해피와 함께 산책을 하노라니
좁은 도로변의 버스 정류장 길을
지나는 과정에서 둥이는
버스가 정류장에 들어오는 것을

무시라도 하듯 몸을 날려 달려드니
위급한 마음에 수진에게 된 벼락 야단을
호되게 맞았네

이 상황을 지켜보던 해피의 귀가
쫑긋 코끝은 시실쭉 하더니만

도도한 둥이를 도로변 안쪽으로
밀어 제치곤 그 자리에서만 걸어
둥이 넌

찻길은 내가 책임질 거야 하듯이
둥이를 에스코트하며
당당히 걷던 신기하고 멋져도
보였던 귀여운 해피의 우정

역사는 밤이 필요해

매일 쓰는 역사의 해가 세상을 뺑 돌며
구석 구석을 밝히고 챙겨 채우며…

익히고 묵혀야 할 모든 만물과
사람을 살핀 후
눈침 새겨 아끼는 인물일랑 어두움과
달님에게 부탁하였네

내 약속한 시간까지는 광명의 빛
쐬이지 않게시리 꼭꼭 가리고

가리다가 이런 향기 피어날 때면
속히 찬란한 광명의 빛

쏘일 때니 "달님일랑, 별님들께"
부탁해 주오

어두움을 벗고 나오는 길이
형통하도록

실패의 교훈

나는 누구를 위하여
여기까지 왔던가

이는 바로 내 맘속 깊은 곳에서
원하는 소리가 이끌어 왔을 뿐이여…

탓하지 말거라 탓하지 말거라
와 본 자기에 어그러진 이 길
너는 알게 되었고

더 늦기 전에 곧은 길을 찾을
시간 얻을 수 있어라

네 발자국 찍고 돌아가는 길에는
감사만 하거라

나 미련함과 욕심에 끌린 길은
엉망 된 삶이라

실패만 낳은 듯하여도
덕분에 교훈도 얻게 되더라

하늘 앞에 부끄러워 숨어드는 너여
감사하여라 감사하여라
그저 감사만 하거라

무거운 인연

늘 무수히 옷깃을 스치는 인연을
넘나들고
또한 이웃과 동료로 만나
미움과 사랑을 번복해 가며

미움은 나를 수련시키고
사랑은 나를 철들게 하더라

청춘의 한때가 나를 손짓하여
백년가약을 맺게 하니
그간 맺은 인연들 앞에서
머리 숙여 감사드리며

정중한 사랑의 인연을
맺게 됨을 알리고
앞길 모르는 저희들 사랑

영원하길 빌어 주오
간절히 바라고…

내 맘대로 할 수 없는
무거운 인연의 줄을 온몸에
칭칭 감아 매곤

하늘과 땅의 이치대로 살아 내
사랑의 열매 주렁 맺고
희노애락 하노라
검은 머리가 파뿌리가
되더라

사랑하는 주님의 신부여

사랑하는 주님의 신부여
예정된 주의 종이요,
은밀한 기도의 중보자여

은혜 안에 빛으로 피어나
거친 세월의 미끄럼을 타고도
곱게 은혜의 나이테를 새긴 이여

쉰 고개를 지나
여든마저 넘고
이제는 백수의 길을
미소로 유연히 나부끼며 걷는
하늘을 품은 날갯짓의 사람

의에 주리고 목마른
가난한 심령 된

신부를 초대하신
주 하나님을 찬미하나이다

무딘 모서리 같던 삶 너머
주의 불꽃 같은 눈동자와
사랑의 손길로
날 이끄소서
잠시 뒤 펼쳐질
약속의 땅으로

사랑과 진실

사랑은 밤으로 가고
이성은 아침을
깨우되 깨어난 아침은
진실의 초를 높이
밝혀 들고서
지식에게로 나아가

진정코 사랑은
무엇이냐고
따져 묻네
어찌 해야만 하는
것이냐고

지식은 대답 대신
내 삶의 여정을
송두리째 꺼내어

던져 주시네

어~후~
지난 날의 나를 향한
사랑들은 보잘것
없어라!

업신여겼던
짧다란 인연들과
지금의 내 사랑이란
인연의 시간들을
디딤돌 삼아

긴 밤까지 지새운
나만의 선택 앞에
그 누구의 충언도
노여워라

쏜살같이 미끄러져

달려온
나만의 자부심이여
사랑이어라
노래하며 내 가슴은
찬란하였음을…

왜 어찌 모를세라
또 다른 욕심에게
내 마음 내어
빼앗기려 함을…

이제 지식은
들려주시네

이 사랑
고이 접어
간직하여 이루거라
이루어 내거라

내 한 사랑을
잊을까 두렵고
잃을까 무서워
뼈아픈 눈물
머금고 긴 한숨
모아 고요히
가슴에 담고

나
곧은 길로
이루어 가리로다

4부

부활의 노래

부활절을 앞두고

오늘은
어제로 떠나며
내일은
미래로 기리며
멈출 수 없는
나로서는

쌓였던 삶과
추억을 방아 찧어
하늘이 받으실
정한 제물이
걸러라도 지려나
가슴 조여지네

묽혀진 모든 삶
송두리째

꺼내 털어서
한 시루의
떡이라도 쪄
보려 하네

부활절을
기념하는
성찬을 위한
주홍 같을지라도
눈과 같이 희어지게
진홍같이
붉을지라도

양털같이 희게 한
우리의 옛
무서운 죄

우리 주님의
능력의 보혈 피를

성령의 불에 다리어
크게 한 김 한 김에
올려 앉히어진

예수를 머금고
한 인생을 담은
한 시루의 떡이여…

부활절
성찬을 기리며
찾아든
성도들을 위하여

성령님의
능력 속에
희게만 할
능력의 떡으로
익혀만 지어라

산새의 찬양

사랑하는 나의 구주
나의 예수님이여

만민의 구주 되시길 사모하는
우리 예수님의 소원을…

사순절 새벽이 움트니 한쪽 다리에 상처 난
한 마리의 산새까지도 위로를 찾는지
십자가 위에 날아들어

피리빌릴리 호효쇼소숏…
아픔을 이야기하듯 노랠 하며 찬양하더라

부활

나 죽어야만 너 살릴 수 있다 하기에
나 주검이 불가한 존재여서

숱한 모사와 씨름의 세월을 쌓아
죽어지지 않는 나
신이란 이름 저 멀리에 떼어 버리고

나의 아버지께
영원히 지울 수 없는 피멍을
영혼에 새겨 드리고

텀벙 죄악의 나라로 잠수하려
임마누엘 하나님께 우리에 의를 나누고저
모략의 밤을 새웠네

드뎌 성탄의 날을 받고 말구유에

뉘었던 나…

30년을 기다려 12제자 삼아 세우고
하늘을 몸소 열어 보여 가며

받아 놓은 십자가의 장삿날 손가락 세어 가며
기도하다

돌이키길 바라던 한 제자의 마음은
결국 되찾지 못한 비통함을 안은 채

비록 인자의 몸을 입고 있지만 신의
외아들의 성품 위력이 십자가를 지다
드러날까 두렵고 떨림으로 피 끓는 세 번의
겟세마네 기도 마치고 하나님의 도우심
크게 입고서 난
죽음을 은혜로 받을 수 있었음이라
오~오~

이 하늘 보좌 우편에 앉아 기도하는
나의 가슴 또한 사순절 고난주간을 맞으며
만감이 교차하누나…

그때의 수난과 멸시를 참고 십자가에서
물과 피를 모두 쏟고 숨이 끊기니

신의 신분 감추고 사람으로 태어났다가
사람으로 죽고 다시 신의 신 됨으로
돌아와 부활에 이끌려 승리의
개가를 부르도록 은혜 주신 내 아버지
하나님의 그 크신 사랑

잃었던 에덴에서의 상처와 상실을
성탄의 밤에서 꿈꾸다

십자가의 처형에서 완성한
삼 일간의 주검 속 비밀의 시간을 넘어

부활의 새벽을 설렘으로 나 안았던
그 힘과 사랑 있기에 소망 속에

신부 하나 한 명의 이름을 내 손바닥에
아로새겨 가며 전능하신 내 아버지 사랑 앞에
빌 수 있음이여 기다림도 참을 수 있어라

저 바다가 품은 은혜

푸른 바다가 파란 하늘을
빨아 물고
파도의 흰 치아 들썩여 가며
무엇인가를 얘기하고픈
것일까

당신들은 너무 너무 하늘의
마음을 모른다나
자기처럼 하늘을 놓칠세라
항상 입에 가득히 물고

밀물과 썰물이 교차할 때라도
세속에 멍든 검푸른 죄들을 흘러라도
보내 버린 채

날 창조하신 높으신 하나님의 사랑을

담아 내어 일 년 내내라도
시순절을 지키고

지 몸 푸르기에 십자가 보혈의 예수님을
비쳐 드릴 수는 없지만…

세상의 진리 되신 예수님의 영으로 오신
바람 같은 성령님 물 같은 성령님

우리 주의 성령님을 전파만 하고
싶더라며
신나게 잔 파도로 손바닥을
치듯 찬양하네

5부

예비하라

그날

그날이 오면
저 한 줌
바람처럼
그곳에
오르리라
그날을 손꼽아
기다리며
여기까지
올 수 있었네
내 기림에 부심한
날이 무수히
지나쳐 갔어도
다시 오마 약속한
그 언약의
날을 위해서
내 삶을

송두리째 건
여린 날을 다
보내도록
또 흰머리가
기다림의 고단함을
노래하고파
하더라도
그날이 있기에
이 풍진 세상의
헛된 꿈에서
깬 나
그날만을
고대하며
보일 듯
긴 기다림에
젖네

신랑 맞을 때

내 사랑하는
이들
인생도
같이 익어
갈 즈음

내 삶의 파티션
안에는
고운 이들도
낳아 하고픈
이야기도
가슴 한 가득

허나 글로
내보이기엔
쑥스러운 솜씨

그래도 해
보려 하네

한 가정에
아내들로
남편들을
존경하고 사랑하며
사랑받고

백년가약
지키어 가는
내 사랑들

시간 줄 모르세라
하하 호호
하다가

신랑들
오실 때를

어찌 그리
금방도
아시누

그 정신 줄은
둘이었나
좀 전 찻집에선
한가롭기만
하던 그녀

출장 일정이
빨라진 것을
알세뇌자 아쉬움을
머금은 채
몸을 날릴세라

찬거리 몇 개
사 들고
신호등 탓하며

택시기사
저리 가라로
내달리는
옆모습을
지켜보다

내 다시 오마
약속하신

신랑 그리움에
저 하늘 구름
위를
한껏 바라보다

죄와 심판

어떠한 죄를 지었거나
짓고 있는 자들을 죄인이라
심판하심이 아니요

태초에 어여쁘기만 하여라
사랑스러워 어찌 할고
내 사랑 내 자녀여
내 얼굴만 그 귀한 가슴에
간직해 주오

당신의 유일한 아드님
예수 그리스도의 형상 따라
당신의 숨결을 나누어 지으신

그 옛사람을
만들어 주심을 나 몰라라 하는 죄와

그분이 손수 창조해 놓으신
세상에서 왕인 양 모두 제 것이리
하늘은 무례히도 여기며
너는 죽고 나만은 살아야 하리

거짓과 욕심에 아비 닮아 불평하여
자기의 시조 모르쇠라

악한 이를 드러내며
미워라 미워라 하고는 주검에
달려듦을 악하고 악하도다
심판하시더라

너 거기에 있는가?

내 널 불러 그곳을
지키라고
오래지 않아
보내었고 바람의
사역자를 붙여
널 지켜 주라
일렀건만

소돔과 고모라도
오래 전
사라져 버린
도시인 걸 잘
알면서도
전도자의 충언
맨발로
걷어 치운 채로

넌 어디서 난
모르는
절대자 하나
노래하노라
세월 앞에
머리 박고 새
동 터옴도 모르는
깊은 잠에 들었는지

나그네와 순례자

온 힘으로 걷고 있는 나그네여
그대가 진정 가려는 곳은 어디오?
당신과 나는 해 뜨는 동녘에서 시작하여
우리를 태우고 온 세월도
붉게 익어
이젠 우리 머리 위에
황혼의 그림자가 드리워 재촉하는데
당신이 청하는 마지막 이별의 악수가
내 어이 이리도 서럽고 시린지요

당신은 개의치 않고 가시겠다는
해가 지는 서녘 하늘 밑에는
무슨 약속이 되어 있는지요
그 누구라도 당신을 죽을 만큼
사랑하여 기약된 연이 있는
엄중한 약속이신지요?

제 가는 북녘 하늘 높다란 곳에는
저 태어나기 전부터 약속된
죽은 저를 다시
살려 내신 정인 계셔

그 님께서 주신 한 가지 당부!
저 돌아올 때에는 꼬옥 많은
친구 삼아 오라 하시며

저 잊을까 간곡한 님의 마음
써 놓으신 썩지 않는 내 자랑 내 정인의
서신일랑 잊진 마오

당신이 가시는 그 길일랑 단 걸음으로
내빼시기 전에 슬며시 보셨던
길벗의 손때 묻힌 영원한 서신일랑
부디 기억해 주오

그리고 북녘 하늘을 향해 한 번만

진정한 가슴을 열고
내 정인의 서신을 믿어 당신도
내 친구라 고백하여 주오

예비하라

검고도 붉어진 너여
그날이 다가오누나

나 너와 맺은 약속일랑 잠시라도
못 잊을세라

천 년이 몇 번이라도 지났다고 한들
그날만을 기리다가

들려오는 예비하라 절대의 소리 있어
군화까지 갖춰 신고

잠들 줄도 모른 채 언약의 날만 새기다
겹친 천 년도 하루만 같았음이여

지체는 한 몸

너와 나의 이름이
저 하늘에 계신
그분의
손바닥에
새겨져
우리의 힘으론
잊을 수 없는
오랜 세월을
함께
타고 왔기에
너만큼은
나의 일부라
미덥다 여기며
삶을
나누던 내게
불현듯 한 날에

넌 남이잖아
휙
어여쁜 등 돌려 버린
그 일로 나는
더 가까이 주께로 갔고
나의 뜨겁던 눈물은
애달픈 기도로
향이
되어서 하늘에다
너의 이름
쓰더라

사랑도 인생도 경주라

사랑도
인생도
경주라

알고 보니
사랑도 인생도
경주였더라

사랑은
너와 나의
법칙을 지켜
끝까지
한 발씩
잘 묶여 감의
경주였고

인생은
인연들과의
법칙을
잘 지켜
정을 잃지
아니함이
경주였더라

하나가 되려면

산이 물이 될 수 없고 물이 산이
될 수 없듯이

나 그대가 되지 못함을 이상하더라
여기진 마오

산은 산일 때 아름다워
물은 산을
둘러 생명수 되어 주며

둘이 꼭 손 잡고 천지조화 이룬 영원한
동무 되어라

하늘도 어여삐 보사 산천도 아름다워라
빛나는 축복으로 덮으셨네

이제 그대가 산이라고 말해 주면
난 기꺼이
물이 되어 보리라

/ 6부

신은 아시리라

할머니

우리의 할머니는
나라의 어머니
인생의 스승

나라가 위태할 때 금쪽같은 아들들을
기꺼이 바쳐 주신
숭고한 아픔의 역사를 가슴에 새긴 채
삶의 교훈으로 길이 남으심이요
우둔한 내 미래의 거울이 되어 주심이요

한들한들 아리따웠던 한 송이 꽃이여

당신도 한때는 너무 아름답기에
나비와 벌들이 여는 술래잡기 잔치에
주인공으로 초대되어 생애 알지도 못했던
한 잔의 진한 사랑주를 받아

연분홍 입술로 마시었어라

오 세상에서 제일 큰 술래의 품에 안기어
애기씨는 덜 깬 사랑주의 체온 속에
엄마가 되어 버렸고

어느덧 검은 머리에는 겨울의 흰 나비가
찾아 앉듯 당신도 모를세라
때 아닌 하얀 눈가루가 자꾸만 뿌려지네
아이 싫어라
아이 미워라

애기씨 때부터 간직해 온 자그마한 어여쁜 당신
의 거울 속에 살아 있는
추억들 안에는 여전히도 기름져 윤기가
감도는 탐스런 검은 머리에
달덩이를 떼어 빚은 듯이 곱디고운
살결 입고
커다란 고운 눈 내리 감듯 하며 사뿐히

달릴 때에도 참으로 어여뻐라를
늘 달고서 살아왔건만…

할머니 2

향연의 신비롭고 달콤한 사랑주의 향취도
가시어 가며
한때 벗 삼아 다정히 걷던 과거란 친구는
이제 와서 날 삼킬 듯이 커다란 입을 쩍하고
벌린 채로 제 가기만 못내 서럽다고 당신의 애기
씨 때의 고운 흔적을 안고 날으려 하네

할 수만 있다면
그때의 나비와 벌들을 불러들여
잔치를 물러도 보고 싶더라

하지만 술래와 애기씨를 쏘옥 빼닮아 나온
사랑의 열매들을 지켜보면서 당신의 마음은 가끔
씩 변덕꾸러기가 되더라

그래도 남겨진 선물들이 더욱이 크고 크기에 속

쓰린 취기에서 깨어 얼른
딜곰함의 추억으로 달러들어 봤으나

야속하기만 한 세월이 없는 솜씨에도 한사코 그
린 그림으로 바꾸어 준 노인의 서글픈
삶의 흔적이여…

얼룩져 뒤엉킨 망연의 기억들은
조각 조각 찢어 날려 버린 채…
어여뻤던 난 오늘도 부지런히 사랑과 위로의 로
션을 짜 바르며

가을의 높다란 푸른 하늘을 향해
파릇한 새봄만을 꿈꾸어 보네

다방구와 설거지

나 어릴 적엔 왜 그리 놀이 욕구도
많은지요
올망 졸망 내 동생들 돌보며 또 식후
설거지에 청소로…
저녁 놀이의 진수인
다방구를 함께해 줄 수 없는
내 마음도 모르쇠라들

우리 집 앞에 찾아와서 그날 따라
포기를 못 하던 몇몇 친구들

반강제로 붙잡혀 나간 나는 술래를 정하곤
집안을 둘러보러 들어온 김에
청소를 시작해 버렸네

창가에서 들려오는 아이들 소리

간간이 들어가면서

일에 취한 나는 이제 놀 마음은
식어 버려라
아이들 소리 덕에 상황을 파악하며
잠잠히 조심해서 설거지를
붙잡을세라 귀에 익은 한 음성이
두런거리며 집 앞을 지나가네

봄이만 찾으면 다 찾았노라고
모~오~
벌써 나만 남았다고…
술래의 꺾어지는 발소리를 확인 후
운동화에 바람 날개 달고
기꺼이 어두움을 뚫고 달리는
나만의 스릴이여

가로등에 내 모습 드러나자마자
줄줄이 길게도 손 잡고 늘어섰던

친구들의 반가운 환호여…
봄이다! 봄이야 봄이가 왔다
술래에게 붙잡힌 마지막 친구의
손을 쳐 주곤

냅다 또 한 번 삼십육방을
이번엔 여유 있게 집으로 가서
열심히도 설거지를 하였어라
그것도 즐거이

꽁치 집사

어느 한 주일날
예배 시간 순서에
늘 그렇듯이
대표 기도 시간이 되었다
이날 대표 기도 하시는 분은
꽁치를 팔며 생업을 하셨고
사회자의 인도로
마이크를 건네받아 들고
기도드리겠습니다
하고는
눈을 꾸욱 감더니 한참을
꿀 먹은 벙어리가 되신 양
모든 교인들을 긴장의
도가니로 몰아갈 듯이
강대상 앞에 꽂혀 서서
굳어 계시더니만

와락 입을 열어 몰아 뱉듯이
하나님 아버지
꽁치가 세 마리에
천~ 원입니다~
꽁치가 세 마리에
천~ 원입니다를
외쳐 대기 시작하셨으니…
와~우~~
이날 예배는 긴장감에서
웃음바다로 파도가 치듯
아이에서 점잖은
장로님까지 모두가 다
배꼽을 잡고 앞뒤로 돌아보며
웃느라
거룩한 예배는 웃음 부흥회가
열려 버렸네
그 후 고단한 삶에
기도 생활이 뒷전으로
미뤄진 꽁치 집사님은

크게 회개하여 자신을
되돌아보고
누구보다도 열심히 기도 생활에
전념하심이 귀하도다

신은 아시더라

스무 고개에 인격적으로 하나님을
알현하옵고 영혼의 기쁨이
무엇인지 성경에

"수고하고 무거운 짐 진 자들아 다 내게로
오라 내가 너희를 쉬게 하리라"
(마태복음 11장 28절)가
좀 이해가 되어 갈 즈음

하늘에 대한 나의 사랑을 너무
고백하고 싶어서

빈 봉사 자리를 둘러보아도
잘 조직화되어 빽빽히 찬 일꾼들로
구성된 교회인지라
내 자리는 안 보여라

어느 날 교회 마당을 들어서다
쓰레기 하나가 눈에 번쩍 띄어
할 일을 찾은 듯 줍기 시작하였네

얼마나 신이 났는지 성전을 둘러봐 가며
쓰레기를 찾아다녔고 쓰레기는 꼬옥
내 눈에 띄어야만 했지

그러다 쓰레기는 안 보이고 대성전 1층의
십일조 세계 선교 헌금 봉투들이
마구 꽂혀서 질서로운
성전에 밉상이더라

얼른 다가가 정리정돈을 뺑 둘러 가며
속도를 내서 해야 했지
그것도 시간이 가니 능숙해져

일사천리로 오른손으로 아래를 밀어주고
왼손으로는 들쑥 날쑥 뽑혀 있는

봉투 위를 탁탁 치면서 성전 한 바퀴를
돌다 보면 단정도 하여라

오늘도 예뻐하곤 돌아서
좀 늦어지는 귀갓길도 즐거워라

이런 나의 행복이 유지되던 어느 날
경비원 한 분이 그만하라네

연유도 몰라라 큰 눈물방울들이
내 가슴속에 비눗방울처럼
터져 나올 것 같아 이를 다져 깨물며
물리 나와 울며 집으로 갔었지

며칠이 안 되어 울적한 내게 청년부의
조장님이 부구역장을 좀 맡아서
하면 좋겠다며 찾아오셨다
와~~~

이런 일을 예비하시고 하나님께서
지난주에 성전의 헌금 봉투 정리는
그만두게 하신 것이구나

깨닫고 얼마나 기쁘고 벅차 오던지
부족하지만 해 보겠다며 얼른
망설임 없이 받아들인 그때가
내 생애에서 잊을 수 없는

하나님께서 내 속내를 알아차리시고
처음 맡겨 주신
청년부 부구역장 일

어여뻐라 불자님

길지 않은 검은 머리 곱게 빗겨 올리고
첫눈치곤 많이 내린 눈 덕에
좁다란 골목길은 수북한 흰 수염
길이 되어 버렸네

높다란 집터에서 내려오다 미끌 하던
불자님 꺄우뚱 고개를 흔드는 듯
생각에 잠기시네 무엇이라도
잊고 나오셨나 하는 새

나오셨던 집으로 되돌아 오르시더니
한참 후에야 붉어진 양볼에 송글한
잔잔한 땀방울까지 달고서 나오시네

그러고 보니 또 새 신으로 언제 갈아
신어 버리셨네

참 슬기롭기도 하셔라
불당에서 기다리시는 지난여름 사고로
잃은 그 첫사랑 남편
고이 잠들게 다독이시는 부처님이
노여워하실까

새 신을 신어야 덜 미끄러워 잰걸음으로
감을 아시기에
작은 가슴이 꿍! 타다당탕!

그간 만사 풀어져 질질 끌고 온
울쩍했던 숨결의 삶

급히 찾는 새 신은 있기는 했었나
도무지 멀쩡스런 새 굽의 신은
손에 잡히질 않아 형님 것
살짝 빌려 신고

부랴 부랴 조심 조심

뛰다 걷다
정류장까지 당도해 가는

그 모습이
그 어찌 어여쁘리오
사랑하며 지키며 견디며 사는
그대는 참으로 어여뻐라

평창동 언니

외로운 줄도 모르고
고단하게 달려온
내게 하늘에서
특별한
인연 하나 선물로 내려
주셨지요

평창동에는
격세지감을 뛰어넘어
나를 위해 기도해 주시고
언니 되어 주신 분이
살고 계시죠

귀한 어른이시며
만물의 이야기부터 들양이
부부 이야기까지도

웃음으로 나눌 수 있는
그런 언니가요

곱디고왔던
중년의 모습은
세월과 함께 어우러져
태양처럼 눈부시던
그때를 감추고

달빛을 당겨 담은 듯
밤길의 가로등처럼
운치롭게 새로이
아리따움을 갈아
있으신 채

내가 찾아뵐 때마다
예나 지금이나 한결같이
손색없는 천하일색의
웃음으로

어여쁘게 맞아 주시는 분

어언 30여년 가까이
인연줄로 매어진 나의
평창동 언니

미인은 역사를 쓰고

유튜브에 숏츠가 한창인 요즈음
우연히 보게 된

아련한 미모에 미소는 감춘 듯
앳된 모습의

서양에서는 손꼽히는 그 이름도
유명하였어라

세계 모든 여인들의 선망이었던
우리들의 오드리 햅번이

세월과 함께한 시간의 변천을
단막극처럼 담아내어

옛 팬들과 이 시대의 팬들을

아울러 깨우며
아름다움을 속삭여 주더라

인생은 쉬 지나고 삶은
주검으로 기꺼이 돌아가도

사람을 사랑하며 은혜를 새겨
기꺼이 나를 나누어 주고 간

그녀를 손꼽는 진정한 미인이라
역사 속에도 흔적을 남겨 그 이름도
아름다이 불리네

맏언니

남보다 앞서 한글을 깨치고
삶을 통찰하며

타고난 미와 고상함은
어그러진 가정사 덕에
고난도 많았다

일찍이 한자로 새겨진 가슴에
등불은…

험난한 삶들이 치고 들어와 온갖
심통을 부려도

그 땡깡 한 손에 잡고
저 멀리 떨어뜨려서 놀아 주듯 하며

배워 낸 세상을 밟고 설 수 있는
힘과 지혜를 따 내어

내 아우들 걸어 나갈 길 험악하지
않게시리 하나님께 마음을 모아 빌며

삶의 밝은 이치로 맏언니의
자리를 지켜 내었다

예인이기에

하늘에서 주신
선물 덕에
예인 되어
하늘도 보옵소서

마음 엉켜
아픈 상처 달래고픈
사람 위하여
깊은 우물 물
길어 올려

탤런트
가수
개그맨
개그우먼
배우 등

달란트에
기름칠한 후
연마한 삶
주신 미모 지키며
배고플 땐
따뜻한 물 한잔
부어 달래 주곤

난 다시 대본을
외우며
노래를 부르고
삐에로의 분장을
하듯이 코믹을
만듦은

화려한 커튼 뒤
예인만의
바람결 같은
삶이라네

홀로이 서서

저 젊고
어여쁜 시절
당신의 인생과
꼭 묶어
기나긴 여정길
부비며 걷자고 하던
그 사람
씨앗 둘 떨구어
주더니만
첫 선물이 귀차여 저
어설픈 어미라도
물고 빨듯 엄니 손을 빌려
아기 시절을 면하고 비로소
아이가 되었지요
둘째 씨앗을 받고선
애지중지

유난히
가냘픈 제 몸에 든든한
자녀로 채워져 감에
감사한 마음이 차올랐습니다
그러는 사이
당신 영혼의 구멍이
숭숭 났어라
그녀는 제쳐 두고
금쪽같은 자식들도
모르고 몰랐어라
허~
저 어린 짧았던
사랑이어라
옆구리를 헤치고
나간 그 사랑은
밉더라도
하늘서
내리신 두
선물은 변함없이

귀하고 귀할 뿐이라
그 짧은 사랑은
세상을
홀로 서서
가야 할 길도
알게 하였고
천륜의
태사랑이 그녀를
철들게 하며
인생도 곱게
물들게 하더라

쇠 심줄은 누가?

커다란 내 두 눈 안에 들어오는 내 집에는
밭일도 어찌 그리 많이도
펼쳐져 있고

등 굽어 가는 내 주인님의 몸은 자꾸
작아져만 가기에…

한 번은 되게 걸린 일 몸살로 죽어라
하여 침을 줄줄 흘리며
오늘 하루만은 쉬게 해 주옵소서

하였더니 날아드는 건 쌍화탕 말고
채찍뿐이어라

내 커다란 두 눈에 글썽한 눈물도
모를세라

하나님이 매달아 주신 능력의 두 뿔도
내 어이 이리 착해 꼭 붙든 채로

건너편 최부잣댁의 다섯 마리
친구 소들도 부러워라

저 하늘 향해 우르짖음 하노라
한 맺힌 마음은 목청에 힘만 써지더라

7부

봄처럼

찾아온 봄

봄이 와 버렸어요
살포시

지난 몇 년 말도 없이
오자마자
혼자서
서둘러 삐친 듯이
떠나가 버린
그 봄이

봄도 세월이
너무 흐르다 보니
깜빡거리는지
점점 시간을
모르는 듯
옛날 봄의

모습과
참 달라져
버렸죠

우리 모두가
봄을 사랑하고
무척
기다리며
산다는 것을
봄은
잊어 가는지

봄이 울보 되려나

올봄은
그간의 한이
많았나 보다

예쁜 반짝이는
날들을
종종 펼치더니만

떠나려고 짐을
챙기러니
수년간 짧아진
봄을 꼬집고
야속한 마음에
깨물어 버린

우리들의 말들이

너무
아팠었는지

이별을 앞두고
늘 하던 바람의
인사는 안 하려나
울보가 된 양
자주 울어
버린다

봄을 보낼 무렵

봄볕은
따사롭고
상큼한 마음
바람결에
싱그러워져
오랜만에
참 행복하였네

올해는
봄이 여느 때보다
늦장을 부리려나
하는데
오늘 보니
천둥 번개가
나서 버리네

오랜만에
시절을 잃은 듯
놀려 하던
봄을
다그치듯
나무라며
깨어
자리 내어줄
시간이 다가오고
있다며

봄에게
나 몇 번 찾아와
신호 주거든
기후 조절해
서서히
뒤꽁무니
빼내어

여름을 초대
하라네

봄처럼

입춘이 지나고
이월이 가고
삼월 또한
지나가고

오월을
보내도록
나의 봄은
흔적 없었네

너무도
아쉬운 마음에
타국의 봄을
찾아서라도
가고팠으나

그 언제
부터였는지
모르지만

봄을 닮은
그대는
내 곁을
지켜 주고
있었네

봄의 약속

나무들 바람결에 푸르른 향기 실어서
삶이 고단한 사람 향하여
손짓하며 고백하네

당신 절대 외로워 마오
저도 가을이 익어 갈 즈음엔
스산한 마음에 울긋불긋이
잎새들을 물들여 버리곤 하죠

겨울의 노진 눈보리의 씨을 두려움
때문이지요

그래도 제가 죽지 않고 앙상한 모습이나마
서서 버틸 수 있었던 것은

겨울 동안 당신의 따뜻한 손길이

매만져 주며 봄의 약속으로
위로해 준 덕분이죠

몹시도 지치고 추웠던 지난겨울을
이겨 내고 이렇게 당신의 속삭임을 듣고
솜사탕 같은 봄을 날릴세라
한입에 삼키고

봄의 씨를 가려 내 당신에게
고맙다 인사 드리고파
새봄의 향기를 한껏 불어 보낸다오

좁은 문, 하얀 날개, 별

ⓒ 이봄, 2025

초판 1쇄 발행 2025년 9월 7일

지은이	이봄
펴낸이	이기봉
편집	좋은땅 편집팀
펴낸곳	도서출판 좋은땅
주소	서울특별시 마포구 양화로12길 26 지월드빌딩 (서교동 395-7)
전화	02)374-8616~7
팩스	02)374-8614
이메일	gworldbook@naver.com
홈페이지	www.g-world.co.kr

ISBN 979-11-388-4661-5 (03810)

- 가격은 뒤표지에 있습니다.
- 이 책은 저작권법에 의하여 보호를 받는 저작물이므로 무단 전재와 복제를 금합니다.
- 파본은 구입하신 서점에서 교환해 드립니다.